FESTIVAL CHALONNAIS. — 1842.

DEUXIÈME PARTIE.

COMPTE - RENDU

DU DEUXIÈME CONGRÈS MUSICAL,

PAR

E. Pérusson, avocat.

CHALON S. S.

IMPRIMERIE DE J. DUCHESNE, RUE ST-ANTOINE, 6.

1842.

COMPTE - RENDU.

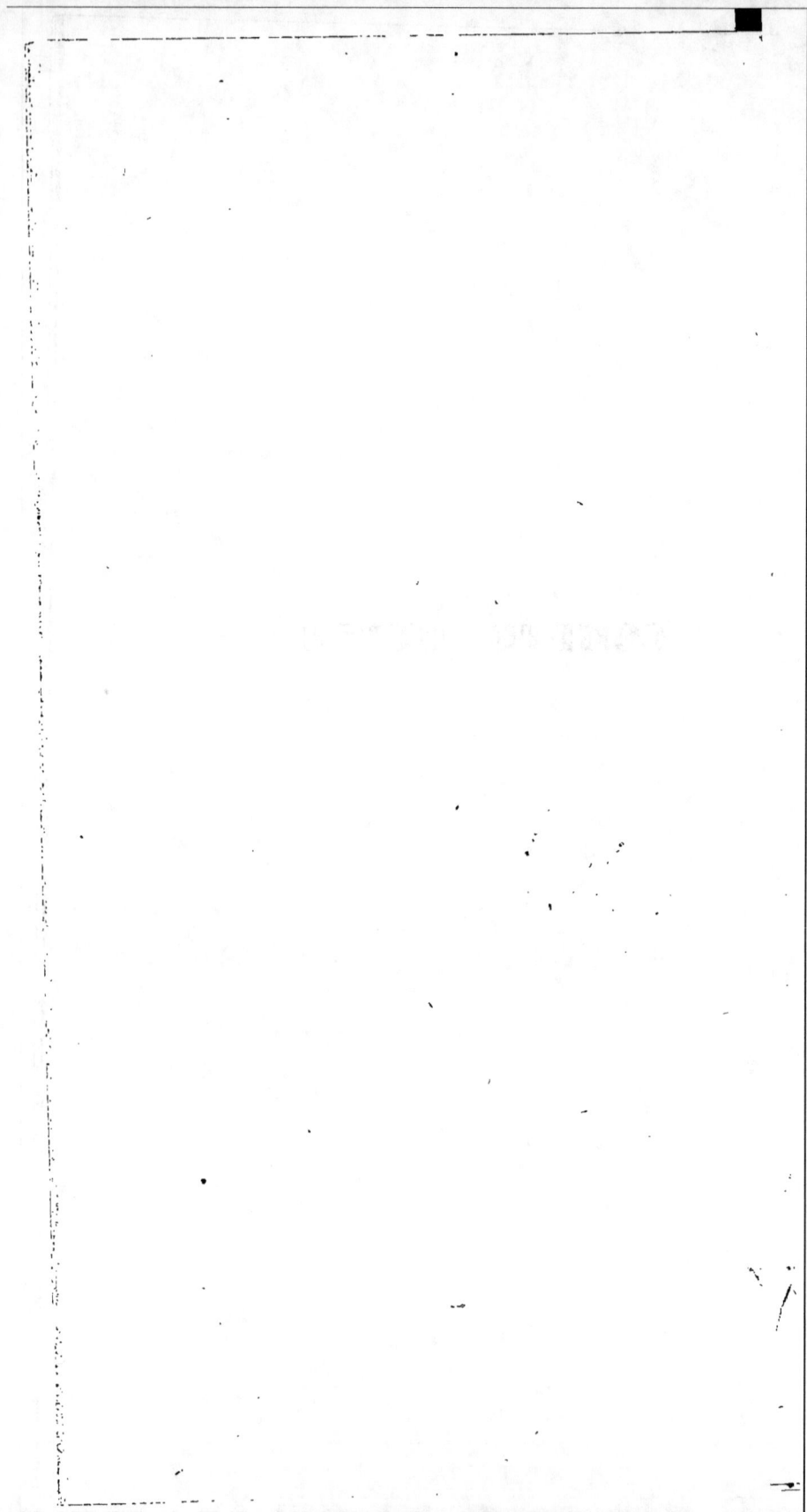

FESTIVAL CHALONNAIS.—1842.

DEUXIÈME PARTIE:

COMPTE - RENDU

DU DEUXIÈME CONGRÈS MUSICAL,

PAR

E. Pérusson, avocat.

CHALON S. S.

IMPRIMERIE DE J. DUCHESNE, RUE ST-ANTOINE, 6.

1842.

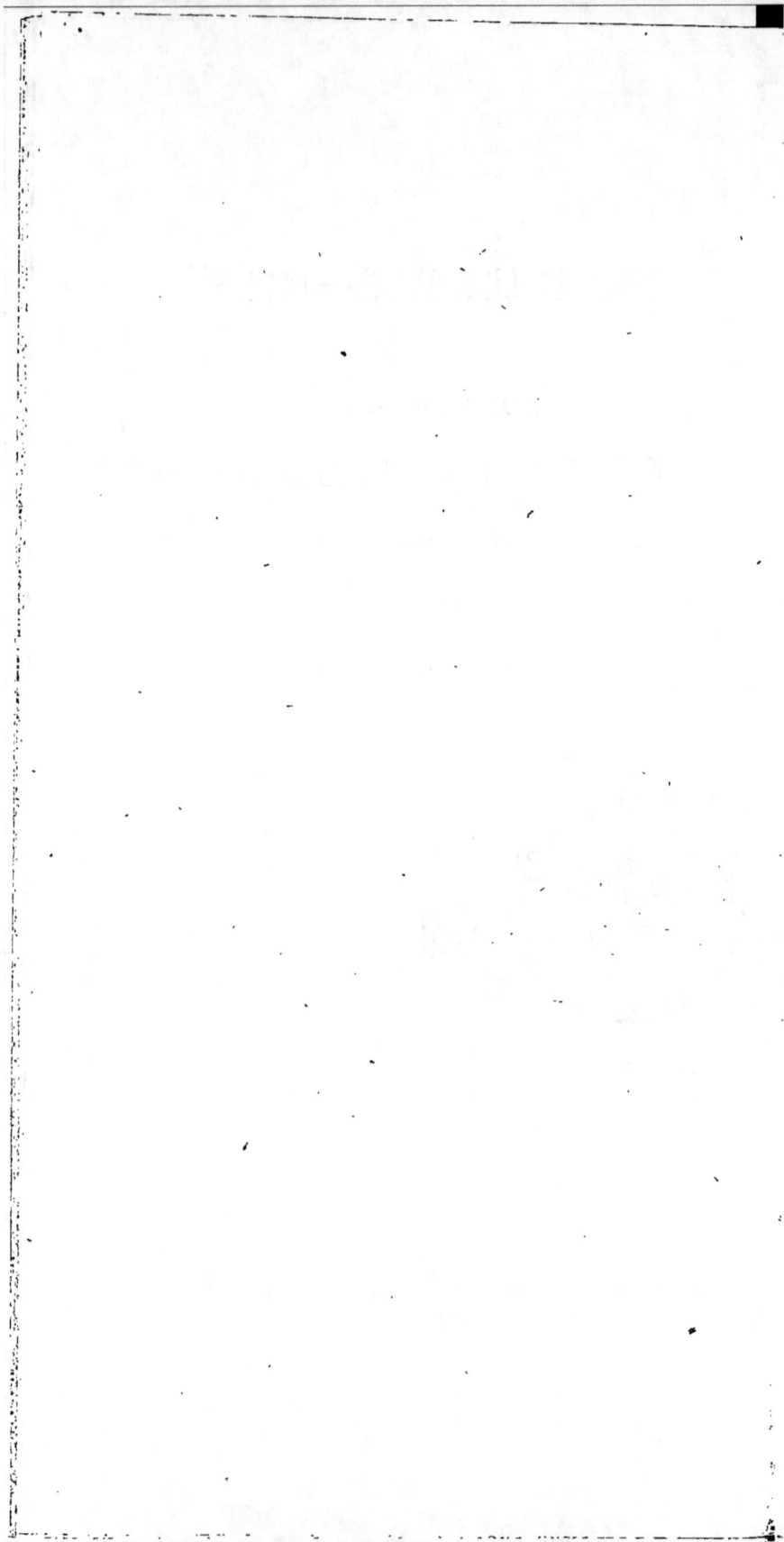

EXCUSEZ-MOI

Si je vous ai fait trop attendre cette deuxième partie, au point que vous n'y pensiez plus. J'ai manqué l'à-propos: c'est une faute grave, mais ce n'est pas la mienne. Quoique paresseux avec délices, j'étais prêt, quatre jours après le Festival; mais j'avais compté sans les professions de foi, les circulaires, les brochures et les ripostes électorales qui tombaient comme grêle chez mon imprimeur.

Ajoutez à cet obstacle l'incandescence d'une température de 30 degrés centigrades, impitoyable pour l'impression ; température qui fait couler l'encre comme de l'eau et tomber les rouleaux en perruque.

J'ai dû plier devant la nécessité et même devant l'humanité; car les ouvriers ne sont pas de fer et les pauvres typographes étaient sur les dents comme des chevaux de poste; nul, plus qu'eux, dans ces jours d'activité civique, n'a payé sa dette à la patrie. J'espère que personne n'aura le courage de m'accuser encore de négligence en face de cette loyale explication.

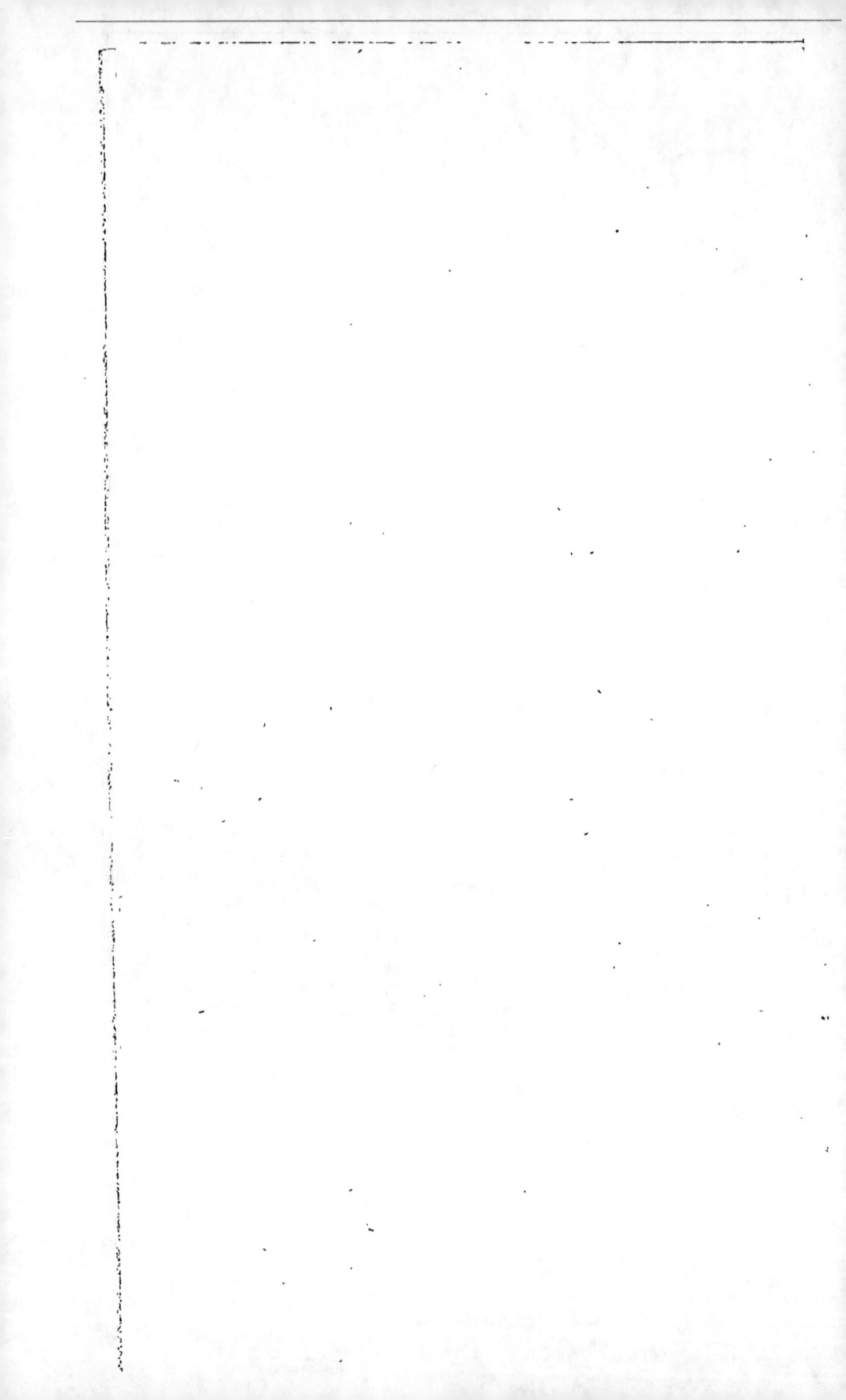

DEUXIÈME PARTIE.

—

La musique, source féconde,
Epandant ses flots jusqu'en bas,
Nous verrons, ivres de son onde,
Artisans, laboureurs, soldats.
Ce concert, puisses-tu l'étendre
A tout le monde divisé ;
Les cœurs sont bien près de s'entendre
Quand les voix ont fraternisé.

BÉRANGER.

Les effets surprenants et mathématiques de
la combinaison des sons ne le cèdent à aucune
des plus grandes merveilles de la nature, et
ils sont au nombre de celles qui inspirent une
admiration profondément religieuse pour le
principe actif et organisateur de l'univers. La
musique, plus que tous les autres phénomènes,
peut-être, transporte l'ame dans les régions
idéales, la saisit, l'émeut et l'élève jusqu'à
celui de qui découlent toutes les harmonies.

1

On a dit depuis long-temps que les corps cé-
lestes, en roulant majestueusement dans l'espace, rendaient, comme les harpes éoliennes,
des accords mélodieux proportionnels à leurs
masses et à leur attraction et formaient ainsi
les concerts divins. C'est possible, et l'homme,
fait à l'image de Dieu, devait avoir comme un
écho de ces sublimes symphonies des mondes ;
il lui fut donné d'inventer la musique et de
jouir de l'une des émanations de l'harmonie
universelle.

Le poète national a raison, la musique ré-
pandra un jour *ses flots jusqu'en bas,* elle étendra
son influence à *tout le monde divisé,* et, partie
intégrante de la voix scientifique et religieuse
de l'avenir, elle aidera à consacrer enfin cette
sainte fraternité des hommes, devant laquelle
les siècles passés ont inutilement consumé leurs
efforts.

Nous aimons à croire que le mouvement
musical, qui entraîne les populations allemandes
et italiennes et commence à faire vibrer la
fibre française, n'est point seulement un simple

effet de l'amour étroit de l'*art pour l'art;* mais qu'il est une de ces manifestations providen- tiellement progressives qui poussent incessam- ment l'humanité à l'accroissement du bonheur par l'extension des liens sociaux. Si, du moins, ce n'est point encore généralement l'effet d'un dogme bien compris, c'est bien certainement une des lois de notre nature qui se développe par le sentiment et par l'instinct.

Nous faisons, surtout, à nos concitoyens philharmoniques chalonnais, l'honneur d'être persuadé qu'ils ont mis plus que cet heureux instinct, plus même que de l'amour-propre, dans leur ardente persistance à propager le goût de la musique et à doter la cité chalonnaise d'une de ces grandes et périodiques institutions musicales que l'on appelle *Festival* ou *Con- grès - Musical*. L'esprit distingué du président de cette brillante solennité, nous est un sûr garant que sa vue s'est étendue plus loin que l'horizon borné d'un triomphe de vanité mes- quine et d'un caprice artistique ; et qu'il a compris toute la portée civilisatrice de cette difficile et pénible entreprise. N'avait-il pas devant lui l'exemple des Congrès scientifiques, littéraires et philosophiques qui tendent à relier nos provinces et à décentraliser l'intelligence?

C'est une difficile et pénible entreprise, en effet, que celle de fonder quelque chose de bon, de beau et de vraiment social, dans une agglomération d'individualités et de corps en lutte continuelle, n'offrant que le déplorable aspect d'un ordre anarchique qui ne peut être maintenu que par la violence et la compression.

C'est une difficile et pénible entreprise que celle de faire quelque chose d'inusité, de nouveau, dans une société pleine de vieux et stupides préjugés, société qui n'accueille qu'avec le ricanement sardonique de la sottise tous les essais de vulgarisation des grandes pensées humaines.

Aussi, les critiques et les objections de tous genres sont-elles venues s'interposer entre une heureuse conception et son exécution. C'est en vain que l'on citait le succès du premier Congrès musical chalonnais de 1840; il n'a rien moins fallu que la ténacité de l'honorable

président de la société philharmonique et de
quelques-uns de ses amis, pour que le projet
n'échouât pas devant tant d'obstacles moraux et
physiques.

Car, ce n'est point assez des lignes de douanes
de la médiocrité et de la jalousie ; rien dans nos
villes, à peine déblayées du moyen-âge, n'est
approprié aux grandes réunions populaires,
foyers toujours en activité de sociabilité par
les communications mutuelles des arts, des
sciences et de la pensée. Nos théâtres ne sont
point assez vastes ; les places publiques ne
sont pas convenables ; les temples élevés par
la religion et que l'Allemagne prodigue aux réunions musicales, sont refusés chez nous par un
sentiment de piété mal entendue, comme si tout
ce qui fait fraterniser les hommes n'était point religieux. Il faut donc construire ou réparer à grands
frais des salles improvisées, il faut indemniser
les artistes venus de loin ou les héberger, puisque
l'hospitalité de tous ne se trouve pas au niveau
des circonstances. Il faut payer ces frais, et,
par conséquent, imposer aux curieux des prix
qui ne conviennent qu'aux heureux du siècle.

1.

Tous ceux qui ne peuvent aspirer à des plaisirs qui devraient être publics, *dans une véritable commune,* crient à l'aristocratie! Les ladres, qui ne veulent pas que l'argent soit rond pour rouler, crient à la folie! tous ont plus ou moins raison relativement; mais ils ne comprennent pas que c'est le résultat inévitable du milieu social dans lequel ils vivent et que chacun, en particulier, proclame impossible à modifier. Impossible, soit; mais alors, de quoi se plaignent-ils donc tous?

Conçoit-on, maintenant, le courage des organisateurs de ces fêtes qui, pour n'être point à la portée de tout le monde, n'en sont pas moins dignes d'être encouragées, parce qu'elles sont les jalons de ce progrès dont la grande démocratie doit profiter un jour.

Il y aurait bien un moyen de prévenir quelques-uns des inconvénients de cette espèce d'individualisme sociétaire, par l'association des opulens propriétaires de la cité, ou par celle des diverses sociétés philharmoniques d'une province; mais nous n'en sommes point encore à la hauteur de ce grand principe. Les riches prennent leur billet et se renferment dans le cercle étroit de la famille ; les sociétés ne sont pas assez dévouées au progrès de l'art pour faire des sacrifices dont tous les membres ne pourraient profiter également. Laissons donc de côté toutes ces considérations qui démon-trent l'imperfection de nos moindres institu-tions ; passons par-dessus les tribulations de tous ceux qui tendent à formuler des orga-nisations, tribulations qui dégoûteraient des meilleures choses, si on savait ce qu'elles ont de poignant, et poursuivons.

MM. les Commissaires du Congrés-Musical, décidés à donner un pendant au Festival de 1840, hésitèrent d'abord sur le choix d'un local propice à cette solennité dont ils voulaient accroître l'importance. La salle de spectacle leur ayant paru trop exiguë dans cette cir-constance, ils examinèrent plusieurs autres emplacements et s'arrêtèrent définitivement à l'ancienne église des Cordeliers, vaste salle dont nous avons donné la description dans notre première partie. Mais ce vieux monu-

ment était dans un état déplorable de déla-
brement, à la suite de ses nombreuses trans-
formations de magasin en manége, de manége en prison, de prison en hôpital, d'hôpital
en écurie. Souillé par tous ces attouchemens
impurs, il n'était plus qu'un dépôt confus
de rateliers, de mangeoires, de vieux bois et
des nombreux tréteaux qui avaient servi de
lits à la garnison. C'était vraiment l'étable
d'Augias à déblayer.

La commission ne recula devant aucun sa-
crifice pour arriver à son but, et chargea
l'entrepreneur Billot d'exécuter ses projets. Il
s'agissait d'élever une estrade destinée à contenir plus de deux cents exécutants et de
100 choristes, estrade qui devait occuper l'espace compris entre l'abside et la dernière cha-
pelle; et de jeter un plancher en plan incliné
depuis l'estrade jusqu'à la tribune d'entrée,
pour contenir environ 1,300 spectateurs com-
modément assis. La tribune elle-même, destinée aux autorités, devait être desservie par
deux escaliers et garnie de balustrades. Les
murs, enfin, badigeonnés avec soin, repre-

naient un aspect plus agréable. Ce plan a été exécuté avec autant de rapidité que d'intelligence par l'entrepreneur. Les terres ont été fouillées profondément pour établir les pentes et les charpentes. Les ossemens des morts, dont l'église était encore remplie, et qu'on ne s'attendait pas à rencontrer, ont été dérangés de leur repos éternel; mais enfouis de nouveau avec respect. Les manes de nos pères ont dû tressaillir de bonheur plutôt que d'indignation à cette exhumation fortuite; et du haut des Cieux, dans le calme de la béatitude, sourire à leurs petits neveux préparant des harmonies civilisatrices.

Les banquettes furent d'abord établies avec les petits tréteaux dont nous avons parlé, et qui se trouvaient parfaitement propres à cette destination. Mais, ô vanité des calculs humains! un évènement que l'on donnerait en mille à deviner, si la renommée n'avait déjà pris soin de l'illustrer, un évènement singulier, inouï, mirobolant, abracadabrant et *chosodnosophe*, comme dirait le *Charivari*, faillit anéantir à sa naissance toutes les combinaisons des commissaires et le Congrès lui-même, tant il est vrai que le sublime est à deux doigts du ridicule, et la roche Tarpéïenne près du Capitole !

Essaierons-nous de peindre cette bizarre aventure ? renouvellerons-nous le souvenir de cette amère déception ? Comment en désigner les auteurs ? de quels termes nous servir ?.... Qu'importe ! nous écrivons l'histoire, il faut tout dire.

Sachez donc que les travaux achevés, au moment où une assemblée nombreuse assistait à l'une des premières grandes répétitions dans le nouveau local, tout-à-coup, une nuée de barbares affamés, furieux, altérés de sang, sortant de leurs sombres déserts, fit une épouvantable irruption sur les spectateurs et les exécutants. Ces ennemis féroces, sans pitié pour l'âge, le sexe, la force ou la faiblesse ; se mirent comme des vampires, dix, vingt, cent contre un, prêts à dévorer leurs victimes. Jamais invasion de Gots, de Huns, de Vandales, d'Autrichiens, d'Anglais, de Prussiens, de Cosaques ne produisit un pareil effet. Les murs en étaient noirs, les jointures du parquet leur livraient passage, les banquettes en vomissaient des flots. Horreur! Enfer! malédiction!

> Un effroyable cri *parcourant les tréteaux,*
> Des airs en ce moment a troublé le repos.....
> Jnsqu'au fond de nos cœurs notre sang s'est glacé.
> *Des amateurs surpris le poil s'est hérissé....*
> De longs gémissements *échappent aux plus sages;*
> Le ciel avec horreur voit ces monstres sauvages,
> La terre s'en émeut, l'air en est infecté;
> *Le banc qui les portait* recule épouvanté.
> Tout fuit et sans s'armer d'un courage inutile,
> *Chacun rentre chez soi pour chercher* un asile....
> On dit qu'on a vu même, en ce désordre affreux
> Un Dieu qui d'aiguillons *piquait les malheureux....*

O grand Racine! que n'étais-tu là pour faire toi-même la parodie de ton classique récit de Théramène.

Mais qu'était-ce donc? Ce que c'était! c'était la onzième plaie oubliée en Egypte; c'était le désespoir des pays méridionaux, des climats modérés et même hyperboréens; c'était la croix des taudis prolétaires, le plus immonde symbole de cette inégalité qui crie : paix aux châteaux, guerre aux chaumières. Devinez,

OEdipes délicats, cette nouvelle énigme du Sphynx? Nous n'en dirons pas davantage.

Or, pendant quinze jours, d'immenses feux de bitume et de souffre, des flots d'acides ont à peine suffi pour anéantir ces hôtes sanguinaires et, avant tout, il a fallu faire disparaître les tréteaux qui les recelaient dans leurs flancs. La ville et les campagnes stupéfaites n'osaient plus croire à la réalisation du Festival. Concevez le désespoir des commissaires! C'était vraiment une fatalité sans exemple dans les fastes de l'art. Honneur aux chimistes! leur science seule a triomphé de ce fléau; les *dilettanti* se sont rassurés; le congrès a eu lieu. A quoi peut tenir le destin des plus grandes choses!

Les répétitions furent bientôt reprises et nous ne pouvons donner trop d'éloges au dévoûment des amateurs qui les dirigèrent avec une infatigable patience. On ne saurait se faire une idée de ce que coûte de soins et de peines le plaisir de quelques heures, qu'en suivant dans tous ses détails les préparatifs d'un concert de ce genre.

M. Labarre, célèbre harpiste, engagé pour la direction du *Stabat de Rossini*, arriva quelques jours avant le Festival, afin d'activer et perfectionner les répétitions des chœurs. Il fut suivi de près par Mmes Mainvielle-Fodor et Labarre, cantatrices parisiennes, et MM. Alexis Dupont et Inchindi, artistes du Grand-Opéra et de l'Opéra-Comique, chargés de l'exécution des *soli* du *Stabat* et qui, pendant deux jours, donnèrent un nouvel attrait aux répétitions.

La veille du Congrès les curieux et les exécutants arrivèrent de toutes parts. Les bateaux à vapeur débarquèrent les députations de Lyon et des villes riveraines de la Saone. Ces députations serrées en masse, marchaient sous la protection d'une magnifique bannière en soie cramoisie, sur laquelle on lisait en lettres d'or :

LES ARTISTES ET AMATEURS DE MUSIQUE DE

Lyon,	*Belley,*
St-Etienne,	*Montbrison,*
Trévoux,	*Nantua,*

Villefranche,	*Dôle,*
Mâcon,	*Poligny,*
Tournus,	*Genêve,*
Bourg,	*Chambéry,*

A LA SOCIÉTÉ PHILHARMONIQUE DE CHALON-S.S.

Cette bannière, offerte avec tant de courtoisie, fut aussitôt suspendue au centre de la salle du concert et elle sera désormais le plus bel ornement de la société philharmonique.

La salle était pavoisée des armes des villes voisines et de plusieurs états européens, réunies par des guirlandes de feuillages. La muraille élevée vers l'abside, était, en outre, décorée d'une fresque représentant un cercle formé par des écussons qui contenaient les noms des villes de *Lyon, Autun, Nuits, Lons-le-Saunier, Nantua, Tournus, Dijon, Beaune, Bourg, Chalon, Dôle, Mâcon* et *Paris*, au centre. Chaque écusson était surmonté d'une lyre et projetait les rayons d'une auréole lumineuse. Le cercle était éclairé par des verres tricolores.

Le jour du Festival, ce fut un spectacle curieux pour les Chalonnais, que le mouvement des équipages et l'étalage des toilettes dans les rues ordinairement si paisibles du laborieux faubourg Saint-Laurent. — Mais ce fut un beau, un brillant spectable, pour les privilégiés de la fête, que cette immense réunion de toutes les élégances et de toutes les sommités du pays, nageant dans des flots de lumière et d'harmonie. Nous n'essaierons pas d'exprimer des impressions que produisent toujours ces sortes d'assemblées; il est temps d'aborder la partie musicale, notre but essentiel.

—

𝔓𝔯𝔬𝔤𝔯𝔞𝔪𝔪𝔢.

—

Iʳᵉ PARTIE.

—

1° *Symphonie héroïque de* BEETHOVEN.

Cette œuvre profonde et savante est justement admirée des connaisseurs. Les détails
en sont pleins d'intérêt, et plus on l'entend,
plus on y découvre de beautés du premier
ordre. Nous concevons donc que les organisateurs du Congrès aient cru devoir profiter
de cette grande réunion de musiciens, pour
reproduire une grande composition qui de-
mande une vaste instrumentation. Il faut en
convenir, cependant, quoique l'exécution ait
été très-satisfaisante, l'effet n'a point répondu
à l'attente générale. Le public des amateurs
exige des impressions fortes et vives qui re-
muent les ames : cette pièce est longue et
presqu'entachée de monotonie; elle n'a donc

pas suffisamment satisfait aux conditions exigées pour émouvoir les masses.

2° *Solo de flûte exécuté par M. Donjon.*

M. Donjon, dont nous avons déjà fait l'éloge lors du premier festival de 1840, est surnommé le *Tulou* lyonnais, comme chacun sait. Cet artiste, justement renommé dans nos contrées, n'a point failli à ses précédens ; ce sont bien toujours les mêmes sons purs et suaves, le même doigté agile, capricieux, fantasque, le même goût et la même expression ; seulement, le solo qu'avait choisi M. Donjon pour une si grave circonstance, était peu propre à faire ressortir ces belles qualités.

3° *Ouverture de Robin des Bois* (WEBER).

Cet admirable morceau a été enlevé avec autant de succès qu'on peut en attendre d'une telle quantité d'exécutants, disciplinés seulement par deux répétitions.

2.

IIe PARTIE.

—

Stabat mater de ROSSINI.

Le *Stabat* est bien décidément un nouveau chef-d'œuvre de l'illustre Maëstro qui, dans le calme de la retraite, a voulu prouver au monde des critiques que son génie, aussi flexible que l'art lui-même, pouvait s'étendre à tous les genres et passer successivement

Du grave au doux, du plaisant au sévère,

des fureurs d'Otello, des douleurs de Ninetta, des folies spirituelles et amoureuses de Figaro ou du comte Ory, des accens enthousiastes des martyrs de la liberté, aux sublimes douleurs de la Mère du Christ dont il va chanter l'agonie libératrice.

Le *Stabat* se compose de dix morceaux formant des airs, des cavatines, des duos, des quatuors, des chœurs et des morceaux d'ensemble; c'est presque la dimension d'un opéra.

Sur ces dix morceaux, neuf seulement ont
été exécutés au Congrès ; le grand quatuor
renfermant les cinq versets, *Sancta mater*, etc.
et suivans , n'a été omis que pour abréger
la séance.

Passons en revue ces divers morceaux, afin
de donner à chacun, au compositeur comme
aux exécutans, de justes éloges, en cherchant
aussi à peindre quelques-ûnes des impressions
de tout le monde, telles que nous croyons
les avoir comprises.

L'introduction est un prélude de basses plain-
tives , de mélancoliques piccicato , de cors
aux gémissements douloureux , de timbales
et de trombones éclatant d'indignation , de
fureur et jetant comme un roulement de tonnerre; puis, le motif commence par un chœur
croisé entre les basses, les tenors et les so-
prani sur la première strophe :

> Stabat mater dolorosa
> Juxta crucem lacrymosa,
> Dum pendebat filius.

« La Mère, abîmée de douleur, se tenait pleurante au pied de la Croix, tandis que son Fils y était suspendu. »

La voix claire et vibrante d'Alexis Dupont, venant se mêler au chœur, répète en gémissant cette strophe qui prédispose merveilleusement l'ame au sentiment de la pièce entière. Les instruments et les voix pleurent avec la Mère, éclatent sur le *juxtà crucem*, se désolent sur le *pendebat filius*. Il y a déjà dans ces quelques mots tout un drame lamentable, le cœur se gonfle d'émotion et les yeux versent des pleurs. Pauvre Mère! sublime libérateur!

Ce morceau est suivi d'un air de tenor chanté par Dupont avec une expression parfaite, sur les trois strophes suivantes :

> Cujus animam gementem
> Contristantem et dolentem
> Pertransivit gladius.

> O! quam tristis et afflicta
> Fuit illa benedicta
> Mater unigeniti!

Quæ mœrebat et dolebat,
Pia Mater Dum videbat
Nati pœnas inclyti.

« Son ame gémissante et pleine de chagrin a été
percée comme par un glaive. Dans quelle tristesse,
dans quelle affliction a été plongée cette Mère bénie
d'un Fils unique! Comme elle se désolait et pleurait,
comme elle tremblait en voyant les angoisses de son
excellent Fils! »

Cette mélodie, soutenue à l'unisson de la
voix par les violons, les violoncelles, les cors,
et répétée avec puissance par l'orchestre qui
termine par un pianissimo, est pleine de grâce,
de mélancolique tendresse, de grandeur et
d'énergie.

Le troisième morceau est un duo de soprano
et contre – alto chanté par Mmes Mainvielle-
Fodor et Labarre :

Quis est homo qui non fleret
Christi matrem si videret
In tanto supplicio ?

Quis posset non contristari
Piam matrem contemplari
Dolentem cum filio ?

« Quel est l'homme qui ne verserait des larmes en voyant la Mère du Christ en proie à cette torture? Qui pourrait contempler sans tristesse cette pieuse Mère souffrant avec son Fils? »

Ce duo, accompagné par des notes répétées d'un rhythme élégant et enchanteur, a été rendu avec un talent remarquable, et a mis l'émotion religieuse et dramatique à son comble.

Mlle Mainvielle – Fodor , digne d'être la nièce de celle qui, il y a vingt ans, créait la *Rosine du Barbier* et la *Ninetta de la Gazza Ladra*, Mlle Mainvielle est douée d'un soprano pur, léger, flexible, étendu, clair, doux et même puissant qui semble destiner cette jeune cantatrice à une de nos grandes scènes lyriques ; mais il ne faudrait pas qu'elle se négligeât en comptant trop sur l'indulgence du public provincial ; qu'elle se persuade bien que le goût n'est point exclusivement concentré à Paris.

La voix de Mme Labarre, au contraire, est *un mezzo-contralto* d'une gravité modérée, mais suave et presque mystique, si l'on peut s'exprimer ainsi. Il porte dans les ames un trouble

religieux et passionné qui s'augmente de tout
ce que les plus heureux dons de la forme
féminine peuvent ajouter aux impressions de
l'art. Cet organe, cependant, plus propre aux
effets du salon qu'à ceux du théâtre, ne fait
point vibrer les échos éloignés d'une vaste
salle.

Ces deux voix se marient harmonieusement,
et des salves multipliées d'applaudissemens les
ont accueillies favorablement.

Vient un air de basse-taille en *la mineur* qui,
suivant un savant musicien, partant du *la
naturel* arrive en *ré bémol* et retourne au ton
primitif en moins de six mesures, sans que
l'oreille soit le moins du monde choquée de
cette brusque transition, qui est sauvée avec
tant d'art qu'on croirait entendre la chose la
plus naturelle et la plus usitée. Cet air est
peut être, dit le même maître, un des meil-
leurs morceaux du Stabat. Nous le croyons ; mais
quoique chanté par Inchindi, avec cette voix
incisive, mordante, creuse et retentissante
qui distingue le créateur du *Chalet,* il n'obtient

peut-être pas également les faveurs de tous.
Néanmoins, il a été fortement applaudi, si
ce n'est par le sentiment bien distinct de sa
beauté, au moins pour rendre hommage à
la belle basse d'Inchindi qui domine gravement
et comme un sombre tonnerre toute la masse
de l'orchestre.

Pro peccatis suæ gentis
Vidit jesum in tormentis
Et flagellis subditum.

Vidit suum dulcem natum,
Morientem, desolatum,
Dum amisit spiritum.

« Elle a vu son Fils Jésus soumis à la flagellation
et aux tourments pour les péchés de sa nation; —
elle a vu ce fils bien-aimé mourant et délaissé, rendre
le dernier soupir. »

Le cinquième morceau a été chanté encore
par Inchindi avec un chœur sans accompagnement.

Eia Mater! fons amoris,
Me sentire vim doloris
Fac ut tecum lugeam.

Fac ut ardeat cor meum,
In amando Christum Deum
Ut sibi complaceam.

« O Mère, source d'amour, fais que je ressente ta
douleur et que je pleure avec toi!) — fais que mon
cœur, afin de te plaire, brûle d'amour pour le Christ-
Dieu. »

Dans le chœur, les tenors unis à la basse-
solo d'Inchindi sont d'une grande énergie.
La variété des effets et la beauté du style
qui offre des combinaisons de plein-chant, soutiennent fort bien le morceau et ne laissent
point à regretter l'absence de l'orchestre.

Le sixième morceau est le grand quatuor
retranché du Stabat dans le Festival. Nous
ne pouvons donc rien en dire.

Le septième est une cavatine sur les deux
strophes :

Fac ut portem Christi mortem
Passionis ejus sortem,
Et plagas recolere.

3

Fac me plagis vulnerari,
Cruce hac inebriari,
Ob amorem filii.

« Fais que je porte en moi la mort du Christ, le
poids de sa Passion et le souvenir de ses plaies ; — Fais
qu'il me blesse de ses plaies, que je m'énivre de
l'amour du Fils et de sa Croix. »

Mme Labarre a fort bien dit ces strophes ;
mais la composition est moins favorable au
développement de sa voix et, peut-être, est-
elle inférieure à celle des autres morceaux,
quoique fort belle, — aussi cette cavatine n'a
pas produit tout l'effet désirable.

Le morceau suivant est un air de Soprano
avec chœur, dit le *morceau du jugement,* un
peu mollement chanté par Mlle Mainvielle.

Inflammatus et accensus
Per te, virgo, sim defensus
In die judicii.

Fac me cruce custodiri
Morte Christi præmuniri,
Confoveri grâtiâ.

« Embrasé, consumé de cet amour, que, par toi,

ô Vierge, je sois défendu au jour du jugement. —
Que la Croix me préserve, que la mort du Christ me
prémunisse, que la grâce me sauve. »

Les cuivres produisent un effet formidable
au début de cet air ; leur cri éclatant qui revient
dans le courant du morceau, dit un critique,
sans pouvoir couvrir les énergiques accents
de la cantatrice, donne l'idée de la lutte de
l'ame fortifiée par ses œuvres contre les ri-
gueurs du jugement. — Et puis, ajouterons-
nous, ces chœurs qui répètent en même temps
avec force : *in die judicii,* comme un mot
d'espoir et de terreur ; tout cela est sublime
et semble vous transporter au dernier jour,
devant le dernier juge.

L'avant dernier morceau est un quatuor avec
chœur, sans accompagnement, sur cette strophe :

> Quando corpus morietur
> Fac ut animæ donetur
> Paradisi gloria.

« Quand viendra la mort du corps, fais qu'il soit
» donné à l'ame de jouir de la gloire du Paradis. »

Ce quatuor, chanté par nos quatre artistes, a, pour les deux premiers vers, la tristesse d'un chrétien à l'agonie, invoquant la clémence d'en haut. Les basses murmurent *quando corpus morietur;* puis elles jettent comme un cri de triomphe au *paradisi gloria!* mais elles s'arrêtent, surprises par le doute sur le *paradisi, paradisi!* Tout cela est d'un effet aussi puissant que l'idée de la mort et de la résurrection.

Le *Stabat* est terminé par un *amen,* fugue à l'imitation des anciens compositeurs. C'est un chant d'allégresse, d'amour et d'espérance que le chœur entonne avec vigueur et que soutiennent les bruyans éclats des trombones.

Les avis des critiques sont partagés, cependant, sur l'œuvre de Rossini. Les uns, imbus de cette idée rétrograde que, pour bien faire, il faut suivre les traces des anciens maîtres, et se rapprocher du plein-chant, prétendent que Rossini n'a fait qu'une musique d'opéra. Les autres soutiennent que le caractère de l'œuvre nouvelle, quelles que soient les innovations de l'auteur, est parfaitement religieux. Nous sommes complètement de cet avis. La musique religieuse, sans-doute, ne doit pas ressembler à la musique d'opéra, en général, dans ce sens qu'elle ne doit point imiter des passions vulgaires et ridicules. Mais où s'arrêter pour établir les bornes de l'une et de l'autre? C'est fort difficile à déterminer. Il est certainement des morceaux d'église fort admirés, qui perdraient une grande partie de leur effet s'ils étaient isolés des nombreux accessoires qui les environnent et préparent l'illusion des sens. Il est, au contraire, tels morceaux d'opéras, qui, même dépourvus de ces accessoires, inspirent un profond sentiment religieux. Transportez les premiers sur un théâtre, ils exciteront peut-être l'hilarité; transportez les autres à l'église, ils décupleront leur intensité religieuse, et personne, cependant, ne s'avise de les trouver déplacés sur la scène. *Au clair de la lune, mon ami Pierrot*, n'est-il pas un air comique et niais? appliquez-le à un cantique spirituel; chantez-le à l'église, ou dans une procession, comme on le fait de nos jours et voyez où vous poserez la borne des deux genres? Tout rhythme qui sait émouvoir l'ame, qui lui inspire un sen-

timent de douce allégresse, de mélancolie,
d'élévation ou de terreur est, suivant nous, un
rhythme religieux ; car si la religion est grave,
elle est en même temps douce, simple, triste,
élevée ou terrible. Être religieux, c'est *relier*
les hommes entr'eux et avec Dieu, par l'exal-
tation de toutes les nobles passions qui sont le
plus beau présent du ciel. Ce n'est pas être religieux, suivant nous, que de comprimer tous
ces élans variés au moyen d'une mélodie uni-
forme et compassée. L'amour divin ne s'ex-
prime pas autrement, en musique, que l'amour
humain ; la colère de Dieu ou la crainte du
diable ne peut se peindre autrement que la
colère et la crainte de l'homme. C'est pourquoi
tant de musique profane fait couler des larmes
ou jette l'épouvante dans les cœurs; tandis que
tant de musique sacrée, pour s'être éloignée
des conditions passionnelles inhérentes à la nature de l'homme, manque souvent son but.
Rossini s'est donc montré dans le vrai lorsqu'il
a laissé loin de lui de vieilles et fausses tra-
ditions musicales pour s'emparer du cœur humain et le tordre afin d'en exprimer le sentiment
religieux.

C'est trop nous étendre, au reste, sur une question de hors d'œuvre, étrangère au Festival et que l'improvisation de cet écrit ne nous permet pas d'approfondir. Continuons :

Mmes Mainvielle et Labarre, MM. Dupont et Inchindi, nous aimons à le répéter, ont montré dans cette circonstance une haute portée artistique, malgré quelques négligences, et ceux qui les ont entendus à Chalon conserveront d'eux un long souvenir d'admiration et de reconnaissance.

M. Labarre avait une œuvre de patience à accomplir ; c'était d'achever l'éducation des choristes dans les quelques répétitions qui ont précédé le Festival ; cet artiste s'en est acquitté en homme du monde autant qu'en musicien consommé.

Les choristes, les jeunes filles et les jeunes garçons des écoles, surtout, méritent leur part de compliments et de reconnaissance. Dans l'espace de deux mois, grâce aux soins de leur instituteur M. Boelle, ils ont appris assez de

musique pour comprendre leur partition et ils
l'ont exécutée avec un aplomb, une intelligence
sur lesquels ont pouvait être loin de compter.
Leurs voix fraîches et argentines n'ont pas peu
contribué à l'agrément de la soirée. Honneur
et encouragement à ces enfants du peuple, sans
lesquels la timidité ou le dédain des dames
musiciennes de la ville rendait impossible l'exécution du *Stabat*.

IIIᵉ PARTIE.

1° *Ouverture d'Oberon* (Weber), joué avec
beaucoup d'ensemble et de vigueur.

Au moment où les timbales et les trombones
rompant subitement la douce harmonie de l'in--
troduction, font leur explosion infernale et terrible, l'assemblée entière a tressailli, tressauté
comme frappée par une étincelle électrique.
C'était le plus bel hommage à la perfection de
l'exécution.

2° Air du *Billet de Loterie* (Bocksa) délicieu-
sement chanté par Mlle Mainvielle, qui y a re-
trouvé toute son énergie.

3° *Duo de violon et violoncelle*, exécuté par
MM. Cherblanc et Venderheiden. Ces deux
artistes étaient déjà connus à Chalon. Nous
avons eu, en 1840, l'occasion de complimenter le
violoncelle et nous ne retranchons rien de nos
anciens éloges. M. Venderheiden a un jeu ner-
veux et expressif et il chante avec une heureuse
sensibilité. L'archet de M. Cherblanc n'est ni
moins pur, ni moins suave que celui de son
jeune émule. Ces Messieurs ont été chaudement
applaudis, et cependant, comme M. Donjon,
ils n'avaient pas choisi un sujet digne de leur
talent (1).

4° *Quartetto de Camera* (Rossini), chanté

(*) A propos de violon, nous ferons remarquer avec
peine, que M. Mercier, de Dijon, cet enfant gâté du
festival de 1840, quoique présent à l'orchestre, avait re-
jeté les honneurs du solo. Nous aimons à croire, pour
l'honneur de l'art et de l'artiste, que les bruits qui ont
circulé à ce sujet ne sont pas fondés.

par nos quatre artistes parisiens avec approbation unanime.

5° *Prière de Moïse* (Rossini), *grand chœur avec accompagnement d'orchestre et de la harpe de M. Labarre.* Ce sublime morceau de musique religieuse, quoique musique d'opéra, a clos admirablement la soirée.

M. Baumann, cet artiste lyonnais distingué qui, en 1840, fit retentir le Festival des mélodieux accens de son violon, mérite aussi la reconnaissance de tous les amateurs de musique.

C'est lui qui avait accepté la tâche pénible de diriger l'orchestre des morceaux d'ensemble, autres que le *Stabat* et il l'a accomplie avec une énergie et une connaissance approfondie des partitions, qui font honneur à son dévoûment et à ses études artistiques.

Le concert n'a fini qu'à une heure du matin. Messieurs les exécutants ont été conduits aussitôt à une collation préparée dans la salle maçonnique des *Vrais zélés.* Il n'y a pas eu, peut-être, dans cette circonstance, l'abandon et l'élan du banquet de 1840. On a peu porté de toasts, et fort peu récité de vers. L'enthousiasme et la poésie semblaient endormis. C'était assez naturel après deux chaudes journées de labeurs. Et puis, peut-être, dans les préoccupations d'un déficit immense dans la recette, la *gastrosophie* avait-elle perdu la tête ?..... Cette faute légère a été largement compensée par l'intelligente organisation d'une fête qui n'avait point eu sa pareille à Chalon, organisation dont nous ne saurions trop louer les ordonnateurs et qui, nous l'espérons, nous promet de plus belles fêtes encore dans un avenir éclairé par l'expérience.

Le Congrès-Musical ne pouvait recevoir un complément plus agréable que le bal donné le lendemain, dans la salle même du concert. Cette nouvelle et brillante réunion ne l'a cédé en rien à la première par l'éclat des toilettes, l'élégance et la grâce d'un essaim de charmantes danseuses réunies de tous les points du département par l'humanitaire communion du plaisir.

Les pièces de vers suivantes, composées pour le banquet, nous ayant été adressées par leurs auteurs, nous n'hésitons pas à les reproduire dans ce compte-rendu, comme pièces historiques empreintes de cette couleur locale que nous aimons beaucoup à retrouver dans nos vieux écrivains. Nous regrettons que plusieurs autres morceaux dont nous avons entendu parler, et lus seulement en petit comité, ne nous aient point été communiqués; nous les aurions recueillis avec le même empressement.

A Messieurs les Amateurs et Artistes composant le deuxième Congrès–Musical de la ville de Chalon–sur–Saone, du 2 juillet 1842.

Plutarque a voulu nous apprendre,
Dans un discours fort éloquent,
Ce trait immortel de Terpandre,
Qui me paraît bien surprenant :
Une sédition patente,
Chez les Lacédémoniens,
S'éleva contre toute attente;

Et, selon les historiens,
Ce fut par la seule harmonie
Que Terpandre sut l'apaiser,
Sans nulle autre cérémonie.

Chacun de nous sait qu'en penser !...
Mais aujourd'hui, si la musique
N'apaise les séditions
Par un bel accord chromatique,
Elle a d'autres perfections,...
Et le pouvoir incontestable
De réunir d'aimables gens,
L'artiste....., le sexe adorable,
Enfin, tous les plus beaux talents.

Tribut d'hommage et gratitude
A tous nos obligeants voisins,
Dont la présence est un prélude
Annonçant des accords divins !...
Tout vient embellir notre histoire.

L'autorité, nos Présidents;
Chacun fait œuvre méritoire,
Et nos plaisirs sont concertants.
Félicitons-nous donc ensemble,
Notre art ne peut manquer d'attrait,
Puisqu'il est le seul, ce me semble,
Où vient régner l'accord parfait.

Il en est temps, amis, dans cette enceinte,
Faisons vibrer le cristal transparent,
Et des soucis écartons toute empreinte.
N'oublions pas le Mousseux jaillissant :

4

Faisons couler à flots cette ambroisie ,
Et terminons par ces cris favoris ,
Qui vont trouver bien de la sympathie :
Vive l'auteur de nos Congrès chéris !.....

De CHAMPMARTIN.

Quelle foule en tes murs et s'agite et se presse !
   Chalon ! pourquoi cette allégresse ?
   Vois à tes efforts glorieux
Vingt cités apporter le concours généreux
   De leurs talents, de leur génie.
Courage, ô mon pays, en dépit de l'envie,
   Dans tes harmonieux Congrès,
Poursuis avec ardeur ton œuvre de progrès.
   Fille du ciel, la puissante harmonie,
Par ses sons souverains, son langage enchanteur,
Aux peuples plus unis donnera le bonheur.
   Honneur à vous, ses dignes interprètes !
   Dont les accords puissants et doux
   Font aujourd'hui la gloire de nos fêtes,
Et rendirent jadis tout l'Olympe jaloux.
   Voici le fait : du haut de l'Empyrée,
   Les Dieux, un jour, contemplaient l'univers.
   Et voyaient les mondes divers
   Roulant sous la voûte azurée.
Ils riaient en pensant que ces êtres d'un jour,
Orgueilleux habitants de notre étroit séjour,
   Dans leur impuissante folie,
Voulaient ravir au ciel les secrets du génie.

Quittez, dit Jupiter, cet injuste mépris,
Et sachez des mortels les hautes destinées.
Il dit; et, devant eux déroulant les années,

    Il montre à leurs regards surpris
    Le génie et ses nobles veilles,
  Et de nos arts les sublimes merveilles;
    Puis les jeux, les amusements
Qui de notre loisir charment les doux instants;
Et de notre Congrès la pompe enchanteresse
Jette parmi les Dieux et le trouble et l'ivresse :
Ils contemplent d'abord un essaim de beautés

    Brillant de grâce et d'élégance,
    Et croient que les divinités
    Ont bien voulu, par leur présence,
Embellir des mortels les plaisirs et les jeux.
Mais un nouveau prodige, à leur ame ravie,
Apporte des torrents d'enivrante harmonie.
Apollon a pâli; son luth harmonieux
Sous ses doigts languissans reste silencieux;
Il écoute et soupire. A son bâton magique
Il croit voir en Baumann un Dieu de la musique;
Sur sa flûte enchantée il admire Donjon,
Vanderhydn à la basse; et, sur le violon,
Cherblanc et vingt rivaux, déployant leur génie,
Par leurs brillants accords excitent son envie;
Mais en dépit du Dieu tout l'Olympe applaudit.

    Cependant le cor retentit
     En brillante fanfare,
Et la harpe a frémi sous les doigts de Labarre,

Aux sons des instruments mêlant de saints concerts,
  Cent voix en chœur font résonner les airs
    De leur hymne sacrée ;
Et Dupont et Labarre, Mainvielle, Inchindi,
Interprêtes brillans du divin Rossini
    Excitent dans l'ame enivrée
    De doux et saints ravissements.
A ces religieux et sublimes élans,
Le dieu de l'harmonie a repris son courage ;
Vous espérez, dit-il, audacieux mortels,
    Renverser ainsi mes autels,
    Et me refuser votre hommage !
J'en jure par le Styx ; au terrestre séjour
J'irai, simple mortel, j'irai régner un jour...
Et le dieu, sur la terre, a repris sa puissance.
Sans doute, parmi vous, il cache sa présence ;
    Mais duquel a-t-il pris le nom ?
    Nous sentons tous son influence ;
    Dites-nous donc lequel est Apollon ?

                                    TIXIER.

4.

NOMS DES EXÉCUTANTS.

ORCHESTRE.

—

PREMIERS VIOLONS.

Autun. Blaziewski, artiste. — Chalon - S. S. —
Plénard père, artiste; Charles Serres, négociant. —
Dôle. Arthur, artiste. — Dijon. Eugène Mercier. —
Lyon. Mougenot. Bellay, Cherblanc, artistes; Lévêque,
colonel; Sambucetti, artiste; Feuillet, artiste; Billet,
artiste; Sicard, artiste; Rigolet, notaire. — Macon;
Muller, artiste. — Nuits. Krenger, professeur.— Paris.
Charbogne, rentier. — Toulouse. Corelli, artiste. (18)

DEUXIÈME VIOLON.

Autun. Barbelet, voyer.— Bourg. Guillot, avoué;
— Chalon, Vasselin père, commis négociant; Plénard
fils, artiste; Vasselin fils, clerc; Dessaint fils, étudiant;
Bugnot, étud.; Victor Alin, commis greffier; Daillant,
commis nég.; Bazin, rentier; Jeunelot, commis négociant; Pfeiffer, com, banquier. — Louhans; Barault,
receveur des finances. — Lyon. Beval, rentier. —
Macon. Sambin, Ronot, Labadie, Ligonet, Martin,
Granjon fils. -- Nuits. Gillotte, rentier. (21)

ALTOS.

Autun. Greniet; Charvot.—**Bourg.** Leduc, rentier.
— **Dijon.** Gaveaux, Guichard, Claudon, rentiers. —
Dôle. Lamy, receveur municipal. — **Chalon.** Guerrier,
commis négociant; Paul Serre, propriétaire - cultiva-
teur; Meulien fils, négociant. — **Lyon.** Rousset, St-Eve,
Milet, artistes. — **Macon.** Ordinaire, médecin.   (14)

VIOLONCELLES.

Beaune. Louis Hutet, secrét. de la mairie. — **Chalon.**
Martin-Paccard; Pugeault fils, étudiant; Blanc, artiste;
Plénard-Edouard, tailleur; Paul Canat, étudiant; Félix
Bessy, rentier; Vacher, com. banquier.—**Dijon.** Sullot
fils, artiste; Lemaire, rentier; Valdtenfel, artiste. —
Lyon. Vanderheyden, artiste; Bonjour, greffier en
chef de la Cour Royale.   (13)

CONTREBASSES.

Autun. Parize aîné, nég. -- **Bourg.** Bergier, avocat,
président de la société philharmonique. — **Chalon.**
Buy, juge de paix, président de la Société philharm. ;
Guichard, Richard, notaires; Guilbert-la-Tour, avoué.—
Dijon. De Ruelle, rentier; Moreau, Poupier, artistes.—
Dôle. Perrenot, greffier. — **Lons-le-Saunier.** Oury. —
Lyon. Enkel, Tordike, Santa - Riva, Auguste Alday,
artistes; Ainé, rentier.   (16)

FLUTES.

CHALON. Marcel Canat, avocat; Delbos, Taillandier, artistes. — LYON. Donjon, artiste; Roland, Clermons, amateurs. — NUITS. Bailly.   (7)

HAUTBOIS.

CHALON. Roure, médecin. - LYON. Guy, rentier; Evrard, artiste; Simon, chef de musique du 34ᵉ — NUITS. Jacquinot, rentier. -- TOURNUS. Passot, nég.   (6)

CLARINETTES.

CHALON. Leclerc, artiste; Tixier, Mᵉˢᵉ de pension ; Masson-Almelet, nég. ; Veillé, étudiant, -- LYON. Volfram, artiste; Martin, nég. -- MACON. Charles; Boitard, avoué.   (8)

BASSONS.

CHALON. Guichard, marchand papetier; Tondut, nég., Bourgeois, artiste. -- DÔLE. Brun, artiste. -- LYON. Giraud, Boëll, rentiers; Payrot, artiste; Dupasquier.... (9).

CORS.

AUTUN. Parize jeune, nég.; Godard, amateur. -- CHALON. Boëll, artiste; Dessaint fils, clerc; Joseph

Meulien, nég.; Duclos fils, étudiant; Buisson, commissionnaire; Perraud fils, étudiant. -- LYON. Opezzi, artiste; Vivier, employé des contrib. ind.   (10)

TROMPETTES.

Deux artistes au 34e (2)

TROMBONNES.

AUTUN. Rangone, artiste. -- CHALON. Morel, commis négociant. -- LYON. Billet, artiste   (3)

OPHICLÉIDES.

CHALON. Musy ainé, fabricant de tuiles. -- LYON. Peppe, artiste   (2)

TIMBALLIER.

CHALON. Zolla, architecte.   (1)

TOTAL DES EXÉCUTANTS : 130.

ARTISTES SOLISTES.

M. et Mme Labarre, artistes parisiens; Mlle Mainvielle-

Fodor, artiste parisienne ; Alexis Dupont de l'Opéra;
Inchindi de l'Opéra-Comique.   (5)

—

CHANT.

PREMIER DESSUS.

Mlles Emélie Coulon, Claire Piot, Reine Begeot, Phi
liberte Maubrey, Anne Papinot, Annette Meunier, Pe
rine Gauthrot, Louise Billy.   (8

ECOLE PRIMAIRE DES GARÇONS.

Paillusseau , Richard , Faivre , Lambret, Migonet.
Lhomme, Berton, Chapotet, Giscloux.   (9)

ECOLE MUTUELLE DES FILLES.

Mlles Gautheron, Bourgeot, Béjot, Douillard, José
phine Gommeret, Marie Gommeret, Cornu, Jouffroy,
Juslin , Pérusson, Thissier , Largefeuille, Fraudon,
Pommier, Tête, Ambrousiny, Benigne, Daunet, Ca-
roline Meunier, Guillay.   (20)

—

DEUXIÈME DESSUS.

Montalan, Loiseau, Lamotte, Barbé Noir, Meunier,

Carcassonne, Adam, Largefeuille, Auxerico, Vil-
lière. (10)

ECOLE PRIMAIRE.

Bidault, Morain, Munier, Adol, Gonay, Dô. (6)

TENORS.

CHALON. Gaubert, Charles de Maizières, Desserteaux
ainé, Jules de Maizières, Couturier, Musy aîné, Roure,
Desserteaux cadet, Delavaux, Charles Serres, Zolla,
Jeunelot, Vasselin fils, Charles Thisseyre, Theuriet
cadet, Georges, Dauphin cadet, Perrault, Dauphin
ainé. -- LYON. Quidant, Paturel, Paillard, Viquet,
Noir. (24)

BASSES.

CHALON. Guichard, notaire; Diard, Guilbert-la-Tour,
PaulCanat, Emile Meulien, Chapuis, Georges, Alphonse,
Duclos, Alsacien, Saunier, Baron, Audiffret de Rully,
Marcel Canat, Dessaint, Guichard, pap., Patriarche,
Cordier, Bellomet, Guinot, Lafin, Série, Fournier,
Chiffon. -- LYON. Feuillet, Coulet, Tintoret. (27)

TOTAL DES CHANTEURS ET CHORISTES : 109.

COMMISSION ORGANISATRICE
DU CONGRÈS.

Nous ne pouvons mieux clore cette liste, que par un acte de remercîment et de reconnaissance aux commissaires organisateurs du deuxième Congrès-Musical, en publiant leurs noms.

MM. Buy, *juge-de-paix, président;*
    Gaubert, *avocat;*
    Guichard, *notaire;*
    Latour, *avoué;*
    Canat (Marcel), *avocat;*
    Soucelyer, *avoué;*
    Zolla, *architecte;*
    Vasselin, *commis nég.;*
    Guichard, *march. papetier;*
    De Maizières (Jules), *prop.;*
    Bessy, fils aîné *du receveur mun.;*
    Jeunelot, *commis nég.;*
    Audiffred, *notaire.*

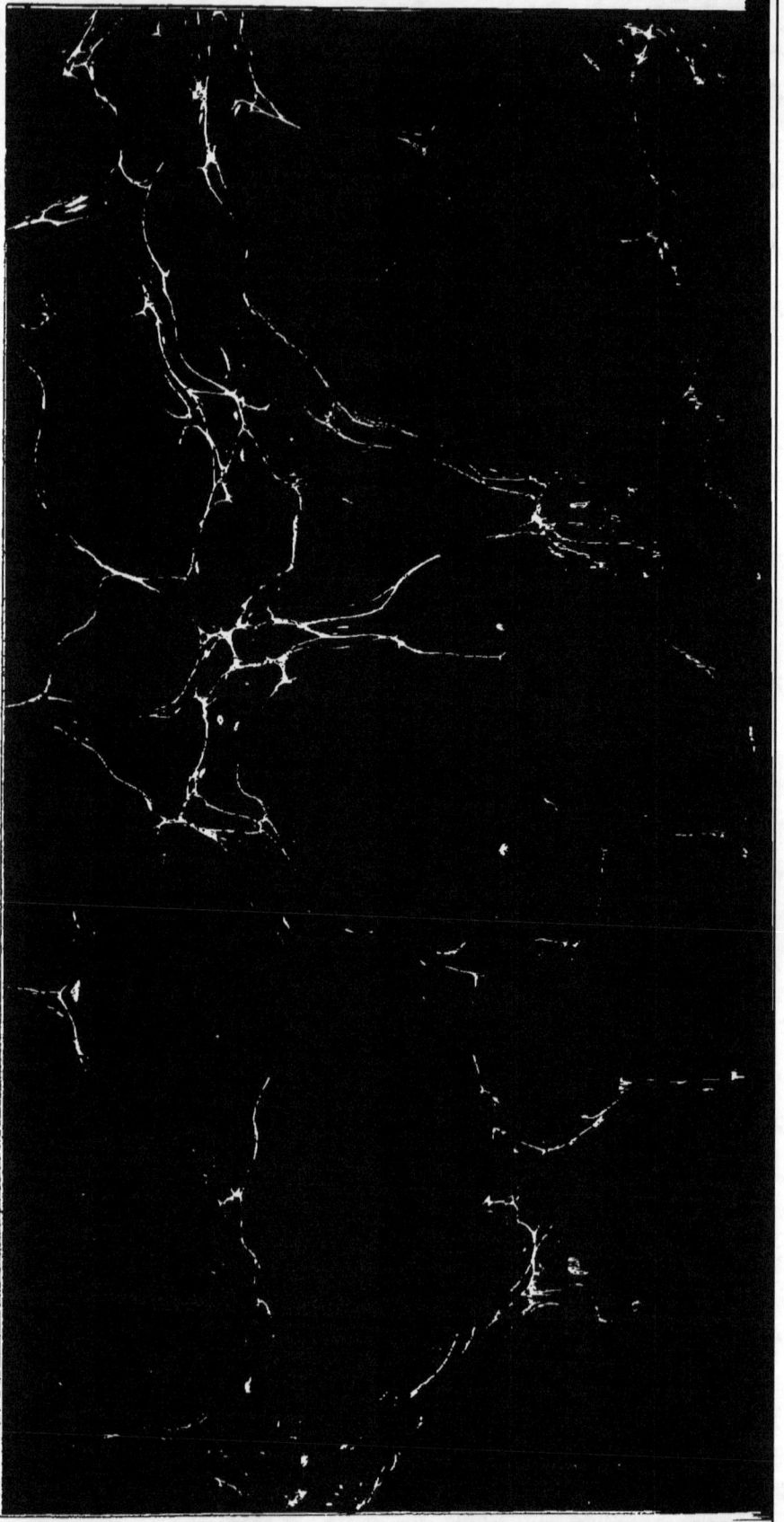

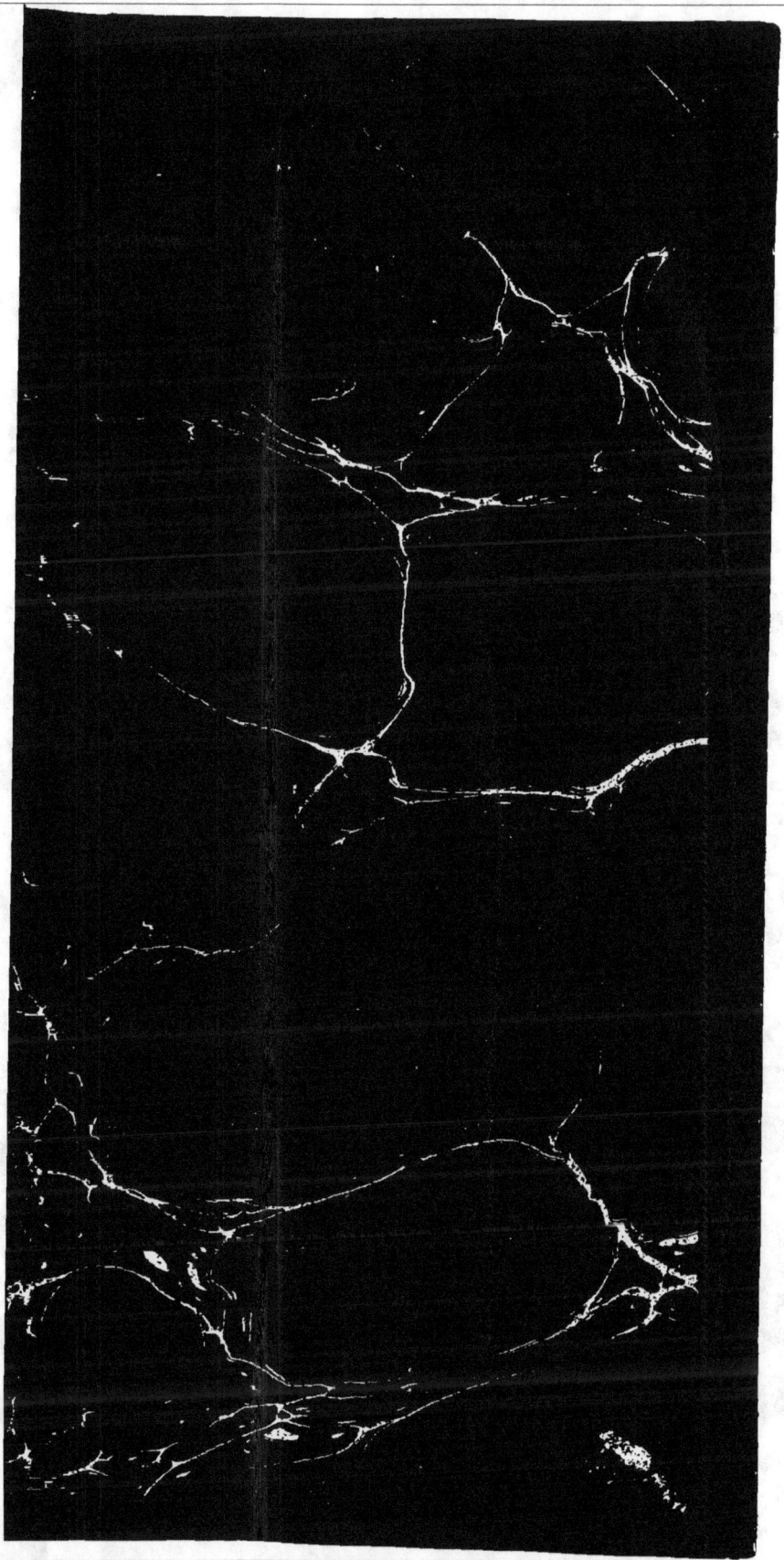

www.ingramcontent.com/pod-product-compliance
Lightning Source LLC
LaVergne TN
LVHW022137080426
835511LV00007B/1155